5 Différences

5 Différences

5 Différences

5 Différences

5 Différences

6 Différences

6 Différences

6 Différences

6 Différences

6 Différences

6 Différences

6 Différences

7 Différences

7 Différences

7 Différences

7 Différences

7 Différences

7 Différences

7 Différences

7 Différences

7 Différences

7 Différences

7 Différences

7 Différences

8 Différences

8 Différences

10 Différences

10 Différences

10 Différences

10 Différences

10 Différences

10 Différences

10 Différences

10 Différences

10 Différences

10 Différences

www.ingramcontent.com/pod-product-compliance
Lightning Source LLC
Chambersburg PA
CBHW051934210526
45473CB00006B/2237